ajillo!
Josep Barahona Viñes

スペイン生まれの
タパス
アツ
アツ

アヒージョ！
ホセ・バラオナ・ビニェス

ぐつぐつ……

¡¡ajiiiiii

アヒーーーージョ！

スペインバルでおなじみの、アヒージョ。
小さな素焼きの器でえびやきのこをオイル煮にして、
チュプチュプ（日本語なら"ぐつぐつ"かな。
スペインの擬音語です）煮立っているところを、そのままサーブ。
スペイン人は基本的に猫舌なのに、
アヒージョはアツアツじゃないといけません。
にんにくの香ばしさが鼻をくすぐり、
ひとつ、ふたつとつつくと、お酒も進む！
器に残ったオイルがまたおいしくて、
それをパンでぬぐって食べるのが最後のお楽しみ。
基本の材料はにんにく、とうがらし、オリーブオイル。
シンプルで、おいしくて、
しかもライブ感があるのがいいよね。
何をアヒージョにするかといえば、
伝統的には「えび」と「きのこ」が定番だけど、
バリエーションは無限じゃない？
アヒージョスタイルで食べてみたいものはいっぱいあるよ。
よし、ライブなアヒージョに挑戦しよう！！

8 アヒージョの材料
9 アヒージョということば
10 アヒージョのつくり方
12 アヒージョのポイント
14 これが、ぼくのベスト・アヒージョ

46
ajillo +
アヒージョ・プラス

46 ピカーダ
47 アイオリ
48 バーニャ・カウダ
49 カタルーニャ風

50
ajillo global
アヒージョ・グローバル

50 チーナ
51 ラティーノ
52 サンバル
54 メディタレネオ
55 インド

16
¡Vamos!
バリエーションいくよ！

17 マッシュルーム
18 しらうお
19 皮付きポテト
20 やりいか
21 ほたるいか
22 芽きゃべつ
23 たらこ
24 チキン
25 ほたて貝
26 甘えび
27 桜えび
28 うずら肉
29 いかげそ
30 小玉ねぎ
31 かぼちゃ
32 たこ
33 さざえ
34 うずら卵
35 ベーコン
36 チョリソ
37 ソーセージ
38 コンビーフ
39 あか貝
40 こばしら
41 ほうれん草
42 まて貝
43 アーティチョーク
44 せせり
45 砂肝

56
¡Más!
まだまだ！

- 57 たけのこ
- 58 にんにく
- 59 厚揚げ
- 60 "グーラス"
- 61 かにかま
- 62 アスパラガス
- 63 しいたけ
- 64 まだら
- 65 ふぐ

- 66 牛カルビ
- 67 とりはつ
- 68 とりレバー
- 69 空心菜
- 70 こんにゃく
- 71 もち
- 72 ハロウミチーズ
- 73 枝豆

74
¿ajillo frío?
冷たいアヒージョ？

- 75 アヒージョ風味のコンフィを展開する
- 76 アヒージョでピンチョス
- 78 アヒージョをシックな料理に

82
¿...también?
…そこまで？

- 83 黒にんにく
- 84 ラディッシュ
- 85 なめこ
- 86 とうもろこし
- 87 ズッキーニ
- 88 甘とうがらし
- 88 オクラ
- 89 ミニトマト
- 89 パプリカ
- 90 やまいも
- 90 玉ねぎのポチャーダ

- 92 アヒージョでお鍋
- 94 もうひとつの、俺のアヒージョ

撮影　山家　学　　デザイン　矢内　里　　編集　木村真季

ingredientes

アヒージョの材料

オリーブオイル

香りのニュートラルな、普通のオリーブオイル（ピュア）を使います。

にんにく

そもそもアヒージョとは「にんにくオイル風味」のこと。オイルの中でにんにくをじっくりと加熱することが、この料理の鍵となります。だからすぐに焦げてしまわないよう、にんにくは少し厚めにスライス。芯は抜いておきます。

赤とうがらし

アヒージョは辛い料理ではありません。でも、かすかなピリ辛の刺激と香りが、おいしさのアクセントになります。使用量はにんにく1かけに対し、乾燥の赤とうがらし1本くらい。オイルに均等に味がつくよう、とうがらし1本を4等分して加えています。

そして具材

・アヒージョ風味に合いそう…とイメージできるものであれば、野菜、魚介、肉、何でも使えます。

・アヒージョの主役は「具材」です。おいしいアヒージョをつくるには、具材それ自身の質のよさ、新鮮さがいちばん大切です。

・えびは、アヒージョのもっとも典型的な具材のひとつ。写真はその一例、アルゼンチン赤えび(身からだしがよく出るタイプ)。もちろん、普通のむきえび(歯ごたえがよい)も使います。

"... al ajillo"
アヒージョということば

アヒージョは、アホ(ajoにんにく)から派生したことばです。アル・アヒージョ(al ajillo アヒージョ風味)といったときに、材料をにんにくとオリーブオイル(+とうがらし)で煮た料理を指します。料理の名称としては「えびのアヒージョ風味 gambas al ajillo ガンバス・アル・アヒージョ」が正式。スペイン語で書く場合はつねに、具材名+アル・アヒージョ al ajilloです。

preparación

アヒージョのつくり方

1 カスエラ（陶の器）または保熱力の高い鍋にオリーブオイル、にんにくのスライスを入れて弱火にかけます。
＊にんにくは、油が常温のときに入れます。

2 にんにくがプチプチいいはじめたら（約15秒後）、赤とうがらしを4つにカットして入れます。引き続き、弱火で。

3 約1分後、にんにくがキツネ色になった状態。ここが具材を入れるタイミング。

ajillo

具材を用意（必要ならあらかじめ加熱）
↓
カスエラに、アヒージョオイルをつくる
↓
具材を加えて煮立て、香りをなじませる。

4 えびを加えます。オイルの温度がいったん下がるので火力を少し強め、軽く塩をふり、オイルがチュプチュプと泡立っている状態を保って、さっと煮ます。
・ムラなく熱が入るよう、えびを入れたら1尾ずつ裏返します。
・火の通りやすい魚介類は、オイルの熱と香りが全体にからめばよいので、30秒から1分弱で火入れ終了。

¡Cuidado...Quema!
熱いよ！気をつけて！

5 火からおろし、フレークソルトときざんだイタリアンパセリをふりかけ、テーブルへ。
・余熱を計算して、少し早めに火から離します。えび、いか、ほたてなど、かたくなるものはとくに注意。
・基本の味つけは塩。①アヒージョオイルに具材を入れたらすぐに軽く塩をふり、②仕上がりにフレークソルトをふる、という2段がまえで調整します。香りのトッピングはイタリアンパセリが標準です。

1 アヒージョはタパスなので、提供サイズは小ポーション。

2 カスエラ（または鋳物や鉄の小鍋）を直火にかけてつくり、カスエラごと食卓に出します。

3 加熱に時間がかかる具材は、あらかじめゆでたりソテーしたり、オイル煮（コンフィ）にしたりしてからアヒージョにします。

4 具材をソテーした場合は、フライパンに出た焼き汁も一緒にアヒージョオイルに加えます。

5 コンフィにしておくと、仕込み置きに便利。

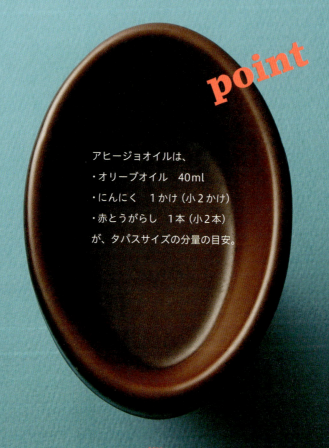

point

アヒージョオイルは、
・オリーブオイル　40ml
・にんにく　1かけ（小2かけ）
・赤とうがらし　1本（小2本）
が、タパスサイズの分量の目安。

6 アヒージョは揚げものではないので、オイルの量は「具材が軽くひたる」程度。使うカスエラや鍋の大きさによって、適宜に分量加減を。

7 小さなカスエラを使う場合、火の通りがムラになりやすいので、ピースの大きい具材はオイルの中で1個ずつ裏返し、小さい具材はよく混ぜます。

8 アヒージョオイルは、つねにチュプチュプと泡立つ状態で。

9 加熱時間は、具材の性質と大きさに応じて。火が入りやすい魚介類や加熱済みの材料なら、ささっと短時間で。

10 アヒージョは熱々がおいしい、けれど、冷めてもまたおいしいのです。残ったアヒージョは翌日サラダの具にしてもいい。

仕上げのトッピングは、
・フレークソルト
・イタリアンパセリ（葉をきざむ）
が基本形。あとは具材に応じて！

イタリアンパセリ
フレークソルト
（マルドン塩、フルール・ド・セルなど）

este es…

….Mi n°1

これが、ぼくのベスト・アヒージョ。

スペインでアヒージョに使うのは、ガンバスというえび。ランゴスティーノ（車えび）とは違い、身がやわらかく、加熱すると香りとだしが出てくるタイプです。
日本で出会ったなかでいちばんそのイメージに近かったのが、このアルゼンチン赤えびです。だしが出るから、アヒージョオイルもおいしくなる！
「頭」を入れることもポイントです。スペインでは普通、えびの頭は使わないので、これは日本式かな。オイルにミソが混じってコクが増すよ！　外側の殻のかたいところを除いておけば、丸ごと香ばしく食べます。
熱いアヒージョオイルに頭を入れ、先に1〜2分間煮てから、殻をむいた身を加えてさっと煮て仕上げます。甘えびやぼたんえびも同じタイプなので、同様につくれます。

外殻はかたいので使わない。内側はすべて、身と一緒にアヒージョに。

頭の処理。"ツノ"を指でつまみ、外殻ごとひきはがす。

頭の付け根に指を入れ、胴からはずす。胴は殻をむく。

ajillo

¡Vamos!

バリエーションいくよ！

＊これがカスエラ。安定した温度でオイルを熱することができ、火からおろした後も冷めにくい。ただ、火力が強すぎると割れたり、ヒビが入ったりしやすいので注意。もちろん、鉄や鋳物の小鍋を使ってもいい。

＊1 全レシピ共通で、「オリーブオイル、にんにく、とうがらしを入れて熱し、にんにくがキツネ色になった状態」。

＊2 「とても熱いので気をつけて！」ということを忘れずに。運ぶ人も食べる人も、熱い油、熱い器に充分注意して。

マッシュルーム
champiñon

火入れに少々時間がかかる素材なので、あらかじめ加熱しておきます。フライパンにオリーブオイルと少量のにんにくを熱し、マッシュルーム、少量の塩を入れて強火でソテー。カスエラにアヒージョオイル*1 をつくり、このソテーを（だしが出ているので、そのオイルも一緒に）加えます。さっと煮てできあがり。すぐに食卓へ。*2

マッシュルーム　8〜10個　

具材（量はタパスサイズでの目安）　　仕上がりにかけるもの（p.13参照）

ajillo

しらうお
shirauo

繊細な味ので、アヒージョオイルのにんにくの量を少し控えてもよさそう。カスエラにアヒージョオイルをつくってしらうおを入れ、軽く塩をふります。オイルがムラなくからむようによく混ぜ、煮すぎないうちに火からおろします。

しらうお　ひとつかみ　

ajillo

皮付きポテト
patata

じゃがいもは、皮付きのまま水から30〜40分間かけてゆでます。こうすると香りよく、やわらかく、しかも煮くずれにくいのです。ひとくち大にカット。カスエラにアヒージョオイルをつくって切ったポテトを入れ、塩をふって軽く煮て、火からおろします。

じゃがいも　大1個　

ajillo

やりいか
calamar

やりいかを3〜4cm幅にカットします。カスエラにアヒージョオイルをつくり、やりいかを入れ、塩を軽くふってさっと煮ます。長く煮るとかたくなるので注意。最後にほんの少しヴィネガーをたらすと「バスク風味」に。味にメリハリがついて、これまたおいしい！

掃除したやりいか 約80g、白ワインヴィネガー

ajillo

ほたるいか
hotaru-ika

ほたるいかは目と軟骨を掃除しておきます。カスエラにアヒージョオイルをつくり、ほたるいかを加えます。ごく少量の塩をふり、内臓にも熱が通るよう、混ぜながら煮ること1分間以上。旨みたっぷりでおいしく仕上がります。最後に残ったオイルの味がまた格別です。

ほたるいか　80〜100g　

ajillo

芽きゃべつ
col de Bruselas

野菜のアヒージョもおいしいよ。なかでもこれはイチ押し。きゃべつの濃い香りがにんにくによく合って、オイルを吸いすぎず、しかもこのサイズがアヒージョ向き。芽きゃべつは下ゆでしません。半分にカットして、アヒージョオイルに入れたら、軽く塩をふり、煮ること1分半くらい。

芽きゃべつ　5〜6個

たらこ
huevas de bacalao

たらこのアヒージョはいける！　少量でグイグイ効くおいしさです。熱い油に入れるとはじけて形がくずれるので、アヒージョオイルの温度はやや低めに（小さな泡が湧く程度）。それでもはじけるときは蓋をしてください。アヒージョオイルに入れたら、さっと煮て火からおろします。

たらこ　2はら

チキン
pollo

ローストチキンがちょっとだけ残ったら、翌日アヒージョにしてみては？ 生からつくるなら、とり肉をひとくち大に切って塩、コショウをふり、少量のにんにくと一緒にオリーブオイルでソテーしてから使います。調理したとり肉を熱いアヒージョオイルに入れ、さっと煮て火からおろします。

鶏もも肉　80〜100g

ほたて貝
vieira

刺身用の生ほたてを4つに切り分け、軽く塩をふります。カスエラにアヒージョオイルをつくってこれを入れ、ひとつずつ裏返したら、火からおろします。オイルの余熱も考慮して、煮すぎないように注意。ほたてにはバターが合うので、仕上げに少量のせました。溶けかけたところを食べます。

生ほたて 大2個、バター*

*今回は、にんにく、イタリアンパセリを混ぜ込んだエスカルゴバターを使用。

ajillo

甘えび
ama-ebi

甘えびは頭も使うことで、アヒージョがぐんとおいしくなります。甘えびの頭をはずし、頭は殻のかたいところを取り除きます（p.9のアルゼンチン赤えびの処理と同じ）。身は殻をむく。カスエラにアヒージョオイルをつくって頭を入れ、軽く塩をふり、約1分間煮てから身を加えます。身を入れたらさっと加熱して、火からおろします。

甘えび　60〜80g

桜えび
camarones

生の桜えびは団子みたいにくっついているので、アヒージョオイルに入れたらほぐし混ぜてください。塩をふり、香ばしさが出てくるまで（1分間強）加熱して、火からおろします。桜えびのアヒージョは香りが濃くて、パンにのせて食べると最高！　オイルがおいしくなってるから残さないでね。

桜えび　ひとつかみ

せせり
cuello de pollo

焼きとりメニューの中でいちばん好きなのが、せせり（とり首肉）。噛めば噛むほど旨みが出てきて、アヒージョにしてもおいしい！　下処理として、かたいところを取り除いておきます。カスエラにアヒージョオイルをつくって、せせりを入れ、塩を軽くふって約1分間煮ます。ぼくの好みで、仕上げに焼きとり風のシーズニングを散らしました。

せせり　80～100g、柚子こしょう、レモンの皮（けずる）

いかげそ
patas de calamar

やりいかなら、足を4本ずつに切り分けて使います。大きないかなら足2本ずつに切り分けて、長さを4〜5cmにカット。カスエラにアヒージョオイルをつくっていかげそを入れ、軽く塩をふって、さっと煮て火からおろします。

いかげそ　80〜100g

小玉ねぎ
cebollita

小玉ねぎはたて半分にカット。オリーブオイルとにんにく少量を熱したフライパンに、切り口を下にして置き、焼き色をつけます。取り出してラップフィルムで覆い、約5分間蒸らして芯まで火を入れておきます。熱いアヒージョオイルにこれを入れたら、塩をふり、軽く煮てでき上がり。

小玉ねぎ（小さいもの）3〜5個

かぼちゃ
calabaza

かぼちゃは塊のままラップフィルムで包んで電子レンジで火を入れておきます。ひとくち大にカット。カスエラにアヒージョオイルをつくり、かぼちゃを入れて塩をふり、さっと煮て仕上げます。仕上げの塩はしっかりきかせると、素材の甘みがたちます。

かぼちゃ　1/8〜1/4個　

ajillo

たこ
pulpo

今回は「ゆでだこ」を使いましたが、生のたこから調理するならいったん冷凍して自然解凍してから（やわらかくなります）、塩ゆでします。これをぶつ切りに。カスエラにアヒージョオイルをつくってゆでだこを入れ、軽く塩をして、さっと煮ます。パプリカパウダーをたっぷりとかけて「ガリシア風」に仕上げました。

ゆでだこ　80〜100ｇ、パプリカパウダー

さざえ

sazae

さざえはよく洗い、塩水でゆでます（水からゆで始め、沸騰後20秒ほどで引き上げ、氷水にあて急冷）。殻から身を取り出し、今回は下部の苦い部分を除いてから（つけたままでもOK。お好みで）、半分にカット。食べる直前にカスエラにアヒージョオイルをつくり、ゆでたさざえを入れ、さっと煮て火からおろします。仕上げにバターをのせました。

さざえ　4〜5個、バター、シブレット

ajillo

うずら卵
huevo de codorniz

うずら卵を5〜7分間ゆで、氷水にとって殻をむきます。熱いアヒージョオイルに入れたら、塩をふり、温まればOKです。煮えすぎて、多少おしりが焦げ付いてもそれはそれでおいしいですけれど。仕上がりに黒こしょうをたっぷりと挽きかけて、味のメリハリをつけました。

うずら卵　10〜12個、黒こしょう

ベーコン
bacon

スモークベーコンを厚切りにして使います。油を引かないフライパンでソテーして、余分な脂を落としつつ、きれいな焼き色をつけておきます。カスエラにアヒージョオイルをやや少なめにつくってベーコンのソテーを入れ、さっと煮ます。仕上げに、黒こしょうをたっぷり挽きかけます。

ベーコン　80〜100g、黒こしょう

チョリソ
chorizo

生チョリソというとメキシコの辛いソーセージが有名だけど、スペインの生チョリソは辛くありません。入手できなければ、普通の生ソーセージに乾燥チョリソを混ぜて使うだけでも味にパンチが出て、おススメです。もちろん、メキシカンタイプを使ってもいい。厚めにカットして、熱いアヒージョオイルに入れ、1〜2分間煮て、火からおろします。

生チョリソ*　80〜100g

*好みの生ソーセージと乾燥チョリソを、7対3の割合で混ぜて使ってもよい。

ソーセージ
salchicha

フランクフルト、ウインナー、粗挽き…どんなタイプでもOK。ジューシー感と歯ごたえを楽しむため、厚切りして使います。熱いアヒージョオイルに入れたら、塩は不要。軽く煮て火からおろします。

ソーセージ　80〜100g、好みでマスタード

ajillo

コンビーフ
corned beef

スプーンですくい、パンにのせて食べるアヒージョです。オイルまみれのぐずぐずもおいしいし、少し焦げ付いてもおいしい。コンビーフは前日にラップフィルムで直径2cmのシリンダー状に包んで両端をきつく縛り、串で穴をあけてひと晩おきます（水気をきるため）。熱いアヒージョオイルに入れ、全体が熱くなったらでき上がり。

コンビーフ　80〜100g、黒こしょう

ajillo

あか貝
aka-gai

赤貝の身は薄いので、火入れはごく短時間で。アヒージョオイルに入れたら塩を軽くふり、手早く混ぜながらさっと煮て火からおろします。

赤貝　60～80g

ajillo

こばしら
samburiña

こばしらも、火入れはごく短時間。カスエラにアヒージョオイルをつくり、こばしらを入れたら塩をふり、均等に火が入るようよく混ぜて、さっと仕上げます。

こばしら　60〜80g

ほうれん草
espinaca

ほうれん草は生のままだとボリュームがありすぎて作業しづらいので、少量のオリーブオイルを引いたフライパンでほんの数秒間だけソテーします。取り出して食べやすい長さにカット。カスエラにアヒージョオイルをつくってこれを入れ、塩をふり、さっと煮て火からおろします。

ほうれん草　1/2把　

ajillo

まて貝
navaja

殻つきのまて貝を鍋に入れて少量の水を加え、蓋をして火にかけます。口が開いたらボウルにとり、氷水にあて急冷。身をはずし、2〜3等分にカットします。カスエラにアヒージョオイルをつくってこれを入れ、塩を軽くふって、さっと熱して火からおろします。

まて貝　太5本または細10本　

ajillo

郵便はがき

料金受取人払郵便

本郷局承認

8869

差出有効期間
平成29年7月
31日まで

(切手不要)

113-8790

246

(受取人)

東京都文京区湯島 3 -26- 9
イヤサカビル 3F

株式会社 **柴 田 書 店**

書籍編集部　愛読者係行

フリガナ 芳　名		男 女	年齢 　　　　歳
自宅住所 ☏　　　　　　　　　　☎			
勤務先名　　　　　　　　　　☎			
勤務先住所 ☏			

● 該当事項を○で囲んでください。
【A】業界　1.飲食業　2.ホテル　3.旅館　4.ペンション　5.民宿　6.その他の宿泊業　7.食品メーカー　8.食品卸業　9.食品小売業　10.厨房製造・販売業　11.食器製造・販売業　12.建築・設計　13.家具製造・販売業　14.店舗内装業　15.その他
【B】Aで15.その他とお答えの方　1.自由業　2.公務員　3.学生　4.主婦　5.その他の製造・販売・サービス業　6.その他
【C】Aで1.飲食業とお答えの方、業種は？　1.総合食堂　2.給食　3.ファースト・フード　4.日本料理　5.西洋料理　6.中国料理　7.その他の各国料理　8.居酒屋　9.すし　10.そば・うどん　11.うなぎ　12.喫茶店　13.スナック　14.バー・クラブ　15.ラーメン　16.カレー　17.デリ・惣菜　18.ファミリーレストラン　19.その他
【D】職務　1.管理・運営　2.企画・開発　3.営業・販売　4.宣伝・広報　5.総務　6.調理　7.設計・デザイン　8.商品管理・流通　9.接客サービス　10.その他
【E】役職　1.社長　2.役員　3.管理職　4.専門職　5.社員職員　6.パートアルバイト　7.その他

ご愛読ありがとうございます。今後の参考といたしますので、アンケートにご協力お願いいたします。

◆お買い求めいただいた【本の題名＝タイトル】は？

◆何でこの本をお知りになりましたか？
1. 新聞広告（新聞名　　　　　　　）2. 雑誌広告（雑誌名　　　　　　　　）
3. 書店店頭実物　　　　　　　　4. ダイレクトメール
5. その他＿＿＿＿＿＿＿＿＿＿＿＿＿＿＿＿＿＿＿＿＿＿

◆お買い求めいただいた方法は？
1. 書店　地区＿＿＿＿＿＿＿県・書店名＿＿＿＿＿＿＿＿＿＿＿＿＿＿＿＿＿＿＿＿
2. 柴田書店直接　　　3. その他＿＿＿＿＿＿＿＿＿＿＿＿＿＿＿＿＿＿＿＿＿

◆お買い求めいただいた本についてのご意見は？

◆柴田書店の本で、すでにご購入いただいているものは？

◆定期購読をしている新聞や雑誌はなんですか？

◆今後、どんな内容または著者の本をご希望ですか？

◆柴田書店の図書目録を希望しますか？　1. 希望する　2. 希望しない

● ホームページをご覧ください。URL=http://www.shibatashoten.co.jp
　週1回配信しているメールマガジンの会員登録（無料）ができます。
記入された個人情報は、顧客分析と御希望者への図書目録発送のみに使用させていただきます。

アーティチョーク
alcachofa

オイルと相性のよいアーティチョークも、アヒージョ向き。掃除済みの冷凍アーティチョークをもどし、たて半分に切って使っています。熱いアヒージョオイルに入れ、塩をふったら1分半くらい煮て、火からおろします。

アーティチョーク（冷凍）　4～5個

うずら肉
codorniz

うずらはまとめてコンフィに仕込みます。丸のうずらをたて半分に切って塩をふり、20〜30分間ねかせてから鍋に入れ、かぶる量のオリーブオイルを加えて（適量のにんにく、タイム、ローリエ、ローズマリーも）、60℃で15〜20分間加熱。そのまま冷まし、保管します。食べるときにオイルから取り出して切り分け、アヒージョに。香り豊かで美味！

うずら肉のコンフィ　1/2羽分　

ajillo

砂肝
suna-gimo

砂肝も、コンフィにしてからアヒージョにします。コンフィの要領はうずら肉（右ページ参照）と同様で、加熱時間は10〜15分くらい。食べるときにオイルから取り出し、熱いアヒージョオイルに入れて、さっと煮て仕上げます。

砂肝のコンフィ　60〜80g、黒こしょう

ピカーダ
picada

ピカーダは、ナッツとにんにくとパセリをすり鉢でつぶし混ぜたもの。カタルーニャ地方ではこれを"必殺隠し味"としてさまざまな煮込み料理の仕上げに加えます。アヒージョにのせれば、ナッツの香ばしさと歯ごたえがおいしいアクセントに。魚介では、いか、えび、ほたてによく合います。

（仕上がり　大さじ山盛り1杯）
ゆでたにんにく2かけ、ローストヘーゼルナッツ12〜14個（またはローストアーモンドなら8〜10個）、イタリアンパセリの葉4〜5枚を、すり鉢に合わせ、つぶしながら混ぜる。

ajillo +
アヒージョ・プラス

仕上がりに、ソースやディップを加えてみました。スペイン「定番の相性」だから、おいしくないはずがない！アヒージョ味にプラスαの広がりが生まれます。

こういかのアヒージョにトッピング

ポテトのアヒージョにトッピング

アイオリ
aioli

アヒージョにアイオリやマヨネーズをかけたら反則？ そんなことない。仕上がりにのせたらちょっとミルキーになっておいしいから！ マヨネーズと相性のよい具材なら何にでも合いそう。アイオリをのせるときは、アヒージョオイルの量をやや少なめにして仕上げます。

（仕上がり約120g）
まず、にんにくオイルを用意する（オリーブオイル200mlに、包丁でつぶしたにんにく7～8かけを入れ、色づくまで弱火で加熱し、冷ます）。このにんにくオイル20mlをマヨネーズ100mlに混ぜ合わせる。

ajillo

バーニャ・カウダ
bagna càuda

バーニャ・カウダペースト
(仕上がり約100g)
にんにく(10かけ・芯を除く)を3回ゆでこぼし、4回目はやわらかくなるまでゆでる。アンチョビ(8〜10枚)、タネを抜いたグリーンオリーブ(10粒)、オリーブ油30mlとともにミキサーにかける。塩気が足りなければアンチョビを追加して調整する。塩気はやや強めにしたほうがいい。

みんな気づいていると思うけど、アヒージョにアンチョビを加えるとバーニャ・カウダになるよ。アヒージョオイルにアンチョビを直接入れてもいいけど、ぼくは、自家製バーニャカウダ・ペーストをトッピングしています。このペースト、焼いた肉にも合うし、マヨネーズやドレッシングに少し加えるだけで野菜がおいしくなります。

マッシュルームのアヒージョにトッピング

ajillo

アヒージョオイルにほうれん草を入れる時、松の実とレーズンも一緒に。

タパスサイズでは、ほうれん草1/2把に対して、ローストした松の実約12粒、レーズン約12粒。

カタルーニャ風
catalana

カタルーニャ地方では「ほうれん草のソテーにはレーズンと松の実を入れる」のが、鉄板中の鉄板。「え？」と思うかもしれないけれど、甘みと香ばしさがよく合うんです！ カタラン人としては、ほうれん草とくればアヒージョにもこれを加えたくなる。松の実がなければきざんだアーモンドでもかまいません。

ajillo

えびの豆豉風味を
アヒージョスタイルで

ajillo global

アヒージョ・グローバル

にんにく＆とうがらしを使った料理は世界中にある。
つまり、アヒージョのアレンジのヒントは無限というわけ。
アヒージョに各国風味を取り入れることも自在、
各国料理を「アヒージョ風に表現する」ことも自在です。
ベーシックな「むきえびのアヒージョ」から展開します。

チーナ
china

中国風のアクセントをアヒージョに加えるなら、花椒、ラー油、豆板醤…相性のよい調味料はイロイロありますが、とくに気に入っているのが豆豉（トウチ）。アヒージョオイルをつくるとき、にんにく、とうがらしと一緒に豆豉も入れ、香りを出してからむきえびを加えます。というかこれ、普通に中国料理かな。

豆豉は中国の大豆発酵食品。日本の浜納豆と似たタイプで、旨みとコク、塩味に特徴がある。アヒージョに加えるときは、軽くきざんでから。

メディテラネオ
mediterraneo

アツアツのアヒージョに、冷たいコンディメント（薬味）を、たっぷりとトッピング。フレッシュトマト、オリーブ、ケイパー、地中海風味のハーブをきざんで合わせたコンディメントです。アヒージョのオイリー感（そこがおいしんだけど）をリフレッシュして、もうひとくち、さらにひとくちと、食べたくなります。

トマトのコンディメント
トマト1個の皮をむき、種を除いて小ダイスにきざむ。小ボウルにとり、グリーンオリーブ8〜10粒（きざむ）、ケイパー小さじ1、適量のディル、イタリアンパセリ、セルフイユを加えて混ぜる。ケイパーに塩気があるので、調味は不要。

伝統アヒージョにフレッシュ感をプラス

サンバル
sambal

サンバルはインドネシアのとうがらしソースです。干しえびも入れて自家製してみました。ソース自体ににんにくがたっぷり入っているので、オイルと合わせるだけで「アジアン・アヒージョオイル」になるよ。カスエラにオリーブオイル40mlとサンバル小さじ2杯を入れて熱くなったら、具のむきえびを入れます。

仕上がりにきざみピーナッツとコリアンダーの葉もね！

このサンバルは干しえび入りなので、野菜、とくに青菜ととても相性がいい。ためしにほうれん草のアジアン・アヒージョをつくってみたら、おいしい〜〜！

サンバルソース
（仕上がり約100ml）
チリペースト20〜30ml、にんにく2かけ、水でもどした干しえび大さじ2、蝦醤（えびの発酵ペースト、またはアミの塩辛）小さじ1をフードプロセッサーでつぶし混ぜる。このペーストに干しえび（水でもどす）のみじん切りを適量加える。

ラティーノ
latino

ペルー産激辛とうがらしのソースでつくるアヒージョ。ガツンと辛く、旨みがあって、しかもさわやか。カスエラに、オリーブオイルとにんにくを熱し、むきえびを入れたら、ロコトソースを小さじ1杯。それから軽く煮ます。仕上げにレモン汁とコリアンダーの葉をたっぷりきかせるのが、ポイント。

ロコトソース
ペルー産のロコトとうがらし（缶詰）をゆで、果肉をこそげとる。赤パプリカのを真っ黒に焼いて皮をむき、ミキサーにかける。ふたつのペーストを混ぜ合わせ（ロコト4対赤パプリカ6の割合）、適量のレモン汁を加える。

マサラパウダーでも、日本のカレー粉でも、お好みで。

インド
india

アヒージョオイルをつくるときに、カレー粉をひとつまみ加えただけ。ベタだけど確実に食欲をそそります。えびとかポテトとかチキンとか、カレー味に合うものになら何でも合う。仕上げに好みのスパイスをふりかけると、香ばしさがより引き立ちます。ここはクミンシードで!

クミンシード

¡Más!

まだまだ！

たけのこ
bamboo

ゆでたけのこを使います。カスエラにアヒージョオイルをつくり、掃除してひとくち大に切ったたけのこを入れて塩をふり、芯が熱くなるまで煮ること1分〜1分半。辛さをピッと効かせるとおいしそうなので、仕上がりに赤とうがらしを細切りにしてふりかけました。

ゆでたけのこ　80〜100g、輪切り赤とうがらし

にんにく
ajo

にんにく（具材）×にんにく（アヒージョ）!?　具材はあらかじめコンフィにしているので甘くてホクホク。ミニにんにくなら株ごと（普通のにんにくなら1かけずつ）、オリーブオイル（60〜80℃）で10〜15分間煮ておきます。これをソテーしてきれいな焼き色をつけてから、熱いアヒージョオイルに入れ、塩をふり、さっと煮て仕上げです。

ミニにんにく　4〜5個（にんにく8〜10かけ）　

ajillo

厚揚げ
tofu frito

豆腐をアヒージョにできるかな…と考えたんだけど、なんだ、ちょうどよいものがあるじゃない！　厚揚げなら扱いやすいし、香ばしくて、味ものせやすい。カスエラにアヒージョオイルをつくり、大きめのダイスにカットした厚揚げを入れ、さっと煮るだけ。オイルの中に、田楽みそを小さじ1〜2杯加えてもおいしそう。

厚揚げ　1/2丁、七味とうがらし

グーラス
"gulas"

アングーラス（ウナギの稚魚）のアヒージョはスペイン料理の絶品。でも、今はあまりにも稀少で高価…代わりに登場したのが、ダミー食材の「グーラス」です（魚肉加工品です）。そこまでしてスペイン人は食べたいというわけ。グーラス自体は日本にありませんが、普通のかまぼこを細切りにすればいい！　アヒージョにしたら絶対においしいはずです。

グーラス（またはかまぼこの細切り）　60〜80g　

ajillo

かにかま
kani-kama

スペインがグーラスなら、日本は「かにかま」！ かにかま、ぼく大好きです。ずっと前からピンチョスによく使っていますが、アヒージョにしても当然いける！ カスエラにアヒージョオイルをつくり、切り分けたかにかまを入れてさっと煮て仕上げます。

かにかま　80〜100g

アスパラガス
esparrago

アスパラガスはさっと塩ゆでして(太いものなら15秒、細いものは10秒)、すぐに氷水で冷やし、水気をふきとります。長さ3cmにカットし、熱いアヒージョオイルに入れて、塩をふり、さっと煮て仕上げます。生からアヒージョにする場合は、熱が伝わるまでゆっくり煮てください。

アスパラガス　太3本または細5本

しいたけ
shiitake

生しいたけは石突きを切り取り、4等分ほどに切り分けます。カスエラにアヒージョオイルをつくってこれを入れ、塩をふって、芯まで火が通ったら（1分〜1分半）火からおろします。しめじやまいたけを使う場合も同様です。えりんぎは火が入りづらいので、少し余計に時間がかかります。

生しいたけ　3〜4個

まだら
bacalao fresco

たらのアヒージョは、ホクホク感があっておいしい。生のたらは、おなかのところをチェックして寄生虫がいたら包丁で除きます。皮をはずし、ひとくち大にカット。カスエラにアヒージョオイルをつくって、たらを入れ、30秒〜1分間煮て、火からおろします。

まだら切り身　120g　

ajillo

ふぐ
pez globo

ふぐのから揚げはおいしいんだから、アヒージョにしてもおいしいんじゃない？ 小さくて気軽に使える「白さばふぐ」でつくってみました。身欠きに薄皮がついていたら切り取ります。ひとくち大にカット。アヒージョオイルに入れたら火入れは1分間くらいです。

白さばふぐ（身欠き）　2本

牛カルビ
"kalbi" costilla de ternera

焼き肉アヒージョもありじゃない？ 牛カルビを使ってみました。カスエラにアヒージョオイルをつくり、牛カルビを入れて並べたら、塩をふり、火からおろします。余熱もあるので火入れは一瞬でOK。これはお好みですが、仕上げに焼き肉のタレもかけてみました。

牛カルビ　80〜100g、焼き肉のタレ

とりはつ
corazón de pollo

カスエラにアヒージョオイルをつくり、とりのはつ（心臓）を入れ、塩をふります。しばらく煮て（1分〜1分半）、火からおろします。

とりはつ　60〜80g、一味とうがらし　

ajillo

とりレバー
hígado de pollo

レバーはキッチンペーパーで水気をぬぐっておきます。ひとくち大にカット。カスエラにアヒージョオイルをつくり、レバーを入れたら塩をふり、約1分間煮て、火からおろします。好みで七味とうがらしや山椒をかけてもおいしそう。

とりレバー　80〜100g

ajillo

空心菜
espinaca china

"にんにく炒め"向きの青菜なら、なんでもアヒージョにできます。ブロッコリ系のアスパラ菜や芥藍菜はおいしそう。中国野菜なら豆板醤や豆豉醤で味つけしてもいいよね。ここでは空心菜と豆豉醤を使いました。アヒージョオイルをつくる際にとうがらしと一緒に豆豉醤も加え、香りを出してから空心菜を入れます。

空心菜　1/3〜1/2把、豆豉醤* 小さじ1
＊豆豉（p.50）が主材料。にんにくなども入った市販のペースト状調味料。

こんにゃく
konjac

ピリ辛風味が合いそう！ アヒージョオイルをつくるときにとうがらしみそ（かんずり、コチュジャン、豆板醤など何でもよい）も入れ、香りを出してから、こんにゃくを加えます。塩をふり、しばらく煮るとでんぷんの泡が大きくなるので、ほどほどで火からおろし、仕上げに一味とうがらしを。

丸こんにゃく 8〜10個、とうがらしみそ* 小さじ1、一味とうがらし
*ここでは中華調味料の麻辣醤（マーラージャン）を使用。

もち
mochi

おもちは約2cm角に切り、焼き網かオーブントースターで焼きます。表面が乾き、こんがりしたら引き上げて（ふくらんで表面が破けると扱いにくくなるので、できればその寸前で）、同時進行でつくったアヒージョオイルに入れます。あとはオイルをなじませるだけ。仕上がりに、バターと醤油を少しかけてもいいよね。

もち、好みでバター、醤油

ajillo

ハロウミチーズ
halloumi

普通のチーズなら溶けてしまうけど、キプロス島のハロウミチーズは「焼いても溶けない」。香りにクセがなく、ほどよい塩気と弾力があり、アヒージョにするにはぴったりです。ダイスに切り、ごく少量のオリーブオイルで強火ソテーして、表面を色づけてから使います。熱いアヒージョオイルに入れたら、なじませるだけ。

ハロウミチーズ　80〜100g　

ajillo

枝豆
edamame

枝豆の香りがアヒージョと反応すると、とっても香ばしい！普通に塩ゆでして、さやと薄皮を除いた枝豆を使います。カスエラにアヒージョオイルをつくってこれを入れ、さっと煮て火からおろします。トッピングはミント。フレッシュのグリーンピースやそら豆を使ってもおいしそう。スプーンを添えてどうぞ！

枝豆（さや付き）　ふたつかみ、ミントの葉（きざむ）

¡¿ajillo frío!?

冷たいアヒージョ !?

アヒージョは冷めてもおいしいんです。
だったら「冷たいアヒージョ」もありじゃない？
アヒージョ風味のコンフィを仕込んでおいて、
前菜やピンチョスに展開。
アヒージョらしい「シンプル感」がポイントです。

アヒージョ風味のコンフィを展開する
confitado "al ajillo"

1. これが最初のステップ、アヒージョ風味のえびのコンフィ。むきえび15〜20尾、にんにく3〜4かけ、赤とうがらし1本を鍋に入れ、かぶる量のオリーブオイル（約200ml）を加えて弱火にかけます。60℃で5分間加熱。火からおろしたらオイルに浸けたまま常温に冷まします。ある程度まとめて仕込んでおくと便利です。

2. コンフィにしたえびを、ミキサーにサッとかけて粗いミンチにします。

3. ミンチにその2〜3割量のクリームチーズ（かき混ぜてやわらかくしておく）またはマヨネーズを合わせ、フォークでよく混ぜます。チーズがかたくて混ざりにくければ、少しオリーブオイルを足します。これが「アヒージョのペースト」。クネル形にしてきれいにカットした野菜やハーブを添えるだけでも、スマートな前菜になります。
（アヴォカド、にんにくチップ、エディブルフラワー、エクストラ・ヴァージン・オリーブオイル、アイオリ）

アヒージョでピンチョス
ajillo → pintxos!

アヒージョのペースト（p.75）はピンチョスにぴったり！　えびの旨みと香りがぎゅっと詰まっていて、舌触りなめらか。ひとくちの量でおいしさがはっきり伝わるところが、いいのです。いろいろな形にしてみましょう。

ポテトにのせて

じゃがいもは皮付きのままゆでて、7mm厚にスライス。直径44mmの型でぬいて、少量のサラダオイルで両面をソテーして焼き色をつけました。

パンフリットにのせて

8mm切りの食パンを、4.5cm×3cmにカット。170℃の油でこんがり揚げ、油をきります。アヒージョ・ペーストを盛り、えびのコンフィをのせて、アイオリをかけます。

アヒージョバーガー

ミニサイズのロールパンを半分に切り、きゅうりの薄切りとアヒージョのペーストをはさみます。

アヒージョでアティージョ

アティージョは「袋」のこと。パート・ブリックを4等分して、真ん中にスプーン1杯分のアヒージョのペーストをおき、玉ねぎのポチャーダ（p.90）少量と、クリームチーズひとかけをのせます。巾着形に包んでポロねぎの細切りで口を縛り、170℃の油で揚げます。

アヒージョのコカ

市販のパイシートを好みのサイズにカットして、オーブンで焼きます。アヒージョのペーストをのせてアイオリを少量かけ、サラマンダーで軽く色づけました。最後に、シブレットのみじん切りをパラパラ。

アヒージョをシックな料理に

魚介ときゃべつのクスクス、アヒージョ風味
Mariscos y verduras al ajillo con cuscus

魚介と野菜の冷たいアヒージョに、クスクスに見立てたきゃべつを添えた、サラダ風の前菜です。マヨネーズみたいに見えるのは「アヒージョのエスプーマ」。フワフワのテクスチャーで、にんにく香はほんのり。とても軽いのでさまざまな場面で使えます。

オイリーでにんにく風味のアヒージョを軽やかにアレンジ。特徴ある香りが、素材の旨みを引き立てます。ぼく自身が大好きで、実際にお店で出して好評のお皿です。

材料（4人分）
- きゃべつ　1/4個
- ミニしいたけ　12個
- 芽きゃべつ　4個
- きぬさや　8枚
- 頭付きのえび　8尾
- やりいか　1ぱい
- ほたて　1個
- オリーブオイル　80ml
- にんにく　1かけ
- とうがらし　1本
- アヒージョのエスプーマ*　適量

1 きゃべつの葉をアルデンテにゆで、みじん切りにする。皿に盛る。

2 ミニしいたけはあらかじめソテー、芽きゃべつはコンフィにしておく（詳細略）。

3 えびの頭を素揚げする。

4 小鍋でアヒージョオイルをつくり、きぬさや、2のミニしいたけ、芽きゃべつ、えびの身、いか、ほたて、塩を入れ、火が通ったものから引き上げて **1** に盛る。**3** のえびの頭も盛る。

5 フレークソルトをふりかけ、アヒージョのエスプーマを仕上げにかける。

＜アヒージョのエスプーマ＞

A：
- 水　250ml
- 牛乳　150ml
- ヴィドフィクス（凝固材）　5g
- 塩　少量
- アガルアガル　15g

B：
- オリーブオイル　500ml
- にんにく　12〜15かけ
- とうがらし（種を抜く）　2〜3本
- アンチョビ　3〜4枚

1 材料Aを鍋に入れて火にかけて混ぜ、きれいに溶けたら火を止める。アガル・アガルを加え混ぜる。

2 別鍋に材料Bを合わせ、弱火にかける。にんにくが色づいたら火を止め、そのまま冷ます。漉す。

3 液体**1**を鍋にとり、弱火にかける。**2**のオイルを少しずつ加えながらかき混ぜ（温度は50℃を超えないように）、乳化させる。シノワで漉す。

4 エスプーマのボトルに入れる。ガスを充填して2〜3時間休ませる。

ajillo

ajillo
79

いかのアヒージョ風味、サルサ・ヴェルデ
calamar al ajillo en salsa verde

これは温かい料理。伝統的なバスク料理のアレンジです。さっとソテーしたいかに、あさりベースのヘルシーソースを添え、最後に「ヴィネガー入りのアヒージョオイル」をかけました。オイルの香ばしさが、いかの風味とソースのさわやかさをぐっと引き立てます。

材料
<サルサ・ヴェルデ>
殻付きあさり　20個
にんにく（つぶす）　1かけ
とうがらし　1/5本
オリーブオイル　適量
玉ねぎ
小麦粉　小さじ1
イタリアンパセリ　1/3束

<いかのソテー>
こういか　正味200g
オリーブオイル　適量
塩、こしょう　適量

<アヒージョ・オイル>
オリーブオイル　小さじ2
にんにく　1かけ
とうがらし　1/5本
赤ワインヴィネガー　小さじ1
イタリアンパセリ　少量

1　鍋にオリーブオイルを引き、にんにくととうがらしを炒め、あさりを加えて蓋をする。殻があいたらボウルにとり、氷水にあてて急冷。網で濾し、だしと貝（むき身）に分ける。

2　玉ねぎのみじん切りをオリーブ油で色づけないように炒める。最後に小麦粉を加えて軽く炒める。1のだし、イタリアンパセリを加えて30秒ほど炒めて火を止め、ボウルに移して氷水にあて、冷ます。ミキサーにかける。

3　2のソースにあさりの身を入れて温める。

4　こういかをパスタ状に細切りする。オリーブオイルでさっとソテーして、塩、こしょうする。

5　皿に4を盛り、3を流す。オリーブオイル、にんにく、とうがらしを合わせ、にんにくが色づいたら赤ワインヴィネガーを加えて火をとめ、イタリアンパセリのみじん切りを加える。これをいかにかける。

ajillo
81

¿...también?

…そこまで？

黒にんにく
ajo negro

やってみたかった、黒にんにくのアヒージョ。にんにくより食べやすく、身体によくて、見た目にもインパクトがある。人気のメニューにならないかな…。カスエラにアヒージョオイルをつくり、皮をむいた黒にんにくを入れたら、塩をふって、芯まで熱くなればOKです。

黒にんにく

ラディッシュ
rábano

ラディッシュをソテーするとフレッシュ感とホクホク感が両方あっておいしいんです。アヒージョにしてもイケるはず！　ラディッシュは半分にカットし、少量のオイルを引いたフライパンで、切り口を下にして強火でソテーします。同時進行でつくったアヒージョオイルに入れ、塩をふってさっと煮て仕上げます。

ラディッシュ　6〜7個

ajillo

なめこ
nameko

えー？と思うかもしれないけど、ぼくはこれ、けっこういいと思っています。なめことアヒージョ味は普通に合うし、このネバネバがユニークでしょ？ スペインでやれば絶対おもしろがられるよ。カスエラにアヒージョオイルをつくり、なめこを入れたら塩をふって、よく混ぜる。1分間弱煮て、火からおろします。

なめこ　ひとつかみ　

ajillo

とうもろこし
maíz

とうもろこしは塩湯でさっとゆで、氷水にとって冷やして、フレッシュ感を残しておきます。これを、粒がバラけないよう注意して可食部をたてに削ぎ切りに。カスエラにアヒージョオイルをつくってこれを入れ、軽く塩をふって、温まったら火からおろします。仕上げに一味とうがらしをふると、甘みとジューシー感が引き立ちます。

とうもろこし 1/2本、一味とうがらし

ajillo

ズッキーニ
calabacín

ズッキーニは小さな丸にくり抜きました。あらかじめニンニク少量と一緒にオリーブオイルでソテーします（塩をふる）。カスエラにアヒージョオイルをつくって、このソテーを加え、さっと煮て仕上げます。

ズッキーニ 1/2本

ajillo

甘とうがらし
guindilla

辛くない青とうがらしを使いました。ししとうでもかまいません。オイルに入れるたとき、皮がはじけて油がとぶこともあるので、表面を串で何箇所か突いて穴をあけておきます。カスエラにアヒージョオイルをつくり、甘とうがらしを入れて、軽く塩をふり、1分弱ほど煮立てて火からおろします。

甘とうがらし　ひとつかみ

オクラ
okra

思った以上にアヒージョ向き！　オイルをあまり吸わないし、香ばしさと歯ごたえがあり、しかも中からネバネバが出てくるのがおもしろい。アヒージョオイルをつくって、ひとくち大に切ったオクラを入れ、塩をふったら、約1分間煮て火からおろします。トッピングを大葉のせん切りにしてもおいしそう。

オクラ　5〜6本

ミニトマト
tomate uva

ミニトマトの表面を、串で何箇所か突いて穴をあけます。カスエラにアヒージョオイルをつくり、ミニトマトを入れたら塩をふって、煮ること1分弱。トマトの水分で油がはねることもあるので、よく注意して、必要なら蓋をしてください。

ミニトマト　サイズに応じて適量

パプリカ
pimientos

3色使ってカラフルに！　赤、黄、オレンジのパプリカを掃除して、それぞれ2cm角に切り分けます。カスエラにアヒージョオイルをつくって入れ、塩をふります。軽く煮てフレッシュ感を残してもいいし、じっくり煮れば風味が凝縮してきます。

3色パプリカ　各1/4個

やまいも
batata

生だとねっとり、火が入るとサクサクというテクスチャーがおもしろい素材です。皮をむき、包丁の刃でこそげ取るように（断面をあえてぎざぎざに）切り分けます。アヒージョオイルに入れたら、塩をふってさっと煮る。芯に少し生っぽさを残して仕上げ、醤油をひとたらしかけました。

やまいも　60～80g、醤油

玉ねぎのポチャーダ
cebolla pochada

見た目はいまいち？　でも、味は間違いなし！「玉ねぎのポチャーダ」は、玉ねぎを薄切りにして、少量のにんにく、塩とともにオリーブオイルでゆっくりと、弱火で色づけないように炒めたもの。冷凍できるのでまとめて仕込んでおくと便利です。カスエラにアヒージョオイルをつくり、玉ねぎのポチャーダを入れたら、さっと煮立てて仕上げます。

玉ねぎのポチャーダ　大さじ3～4杯

、、、ふう。

アヒージョでお鍋

スペイン人は家族や仲間とわいわい食事をするのが大好き。でも、卓上で調理する習慣はないので、日本にきてはじめて「鍋もの」を食べたときは驚きました。なんて素敵！アヒージョをお鍋風に出したら、きっとみんな喜びます。

ajillo

家庭で「アヒージョ鍋」をするなら、すべての具材をひとくち大にカットして、火の通りにくいものだけあらかじめソテーしておく（オリーブオイル、少量のにんにくで）とよいと思います。土鍋などでアヒージョオイルをつくり、卓上コンロ（弱火）に移したら、火の通りにくいものから順に加え、あとは好き好きに。

お店で「アヒージョ鍋」をするなら、野菜、魚介、肉のグループごとにあらかじめコンフィに仕込んでおく（にんにく、とうがらしを加えたオリーブオイルで煮て、そのまま冷ます）と、簡単です。注文入ってから全部を鍋に合わせればOK。それぞれを真空パックしておけば保管もラクですし、テイクアウト販売も可能です。

使っている材料
芽きゃべつ
アスパラガス
さやいんげん
きのこ3〜4種類
とり胸肉
むきえび
いか
ゆでだこ

ajillo

¡..Y este también!

もうひとつの、俺のアヒージョ

アヒージョはシンプルでなければいけません。
本来、カスエラに入れる具材は「1種類」、
えびならえび、ポテトならポテトを味わうもの…
ですが、具材ミックスしていけないことはない!
ぼくが大好きなのが、青い野菜のアヒージョです。
ブロッコリとかさやいんげんとか、いくつかを取り合わせると、
グリーンの香りと歯ごたえが重なり、香ばしさが引き立って、
すごくおいしい。
見た目もきれいでしょ?
具材をミックスする場合もややこしい工夫はしません。
「温かいおつまみ」というシンプル感が大切です。

アヒージョ！
ajillo!
スペイン生まれのアツアツ・タパス

初版印刷	2015年12月10日
初版発行	2015年12月25日

著者©　　ホセ・バラオナ・ビニェス

発行者　　土肥大介
発行所　　株式会社　柴田書店
　　　　　東京都文京区湯島3-26-9　イヤサカビル　〒113-8477
電話　　　営業部　　　03-5816-8282（注文・問合せ）
　　　　　書籍編集部　03-5816-8260
URL　　　http://www.shibatashoten.co.jp

印刷・製本　シナノ書籍印刷株式会社
ISBN　　　978-4-388-06226-3

本書収録内容の無断掲載・複写（コピー）・引用・データ配信の行為は固く禁じます。
乱丁・落丁本はお取り替えいたします。
Printed in Japan

ホセ・バラオナ・ビニェス
Josep Barahona Viñes

1966年スペイン、カタルーニャ地方出身。'91年に来日。'97年に東京・内幸町でレストランを独立開業し、日本に現代スペイン料理を紹介するとともに、タパス＆ピンチョスブームの先鞭をつける。その後、新宿「小笠原伯爵邸」総料理長などを経て、現在は料理アトリエ「レ・ストゥディ」を主宰するとともに、都内各所の「BIKINIビキニ」、バルセロナの老舗レストラン「ラ・ベンタ」のプロデュース、セミナー、ケータリングなど多方面で活動している。

L'estudi（レ・ストゥディ）
東京都千代田区内幸町2-2-2 富国生命ビルB2
tel：03-3597-0312
http://www.lestudi.jp

BIKINI（ビキニ）
東京都港区赤坂5-3-1 赤坂Bizタワー1F
tel：03-5114-8500

Bikini TAPA（ビキニ・タパ）
東京都渋谷区道玄坂1-12-5
渋谷マークシティ レストランアベニュー4F
tel：03-5784-5500

Bikini PICAR（ビキニ・ピカール）
東京都中央区日本橋室町2—2-1
COREDO室町2F
tel：03-6202-3600

BIKINI medi（ビキニ・メディ）
東京都豊島区西池袋1-1-25
東武百貨店池袋店14F
tel：03-5956-1800

Restaurante La Venta（レストラン ラ・ベンタ）
Plaça Doctor Andreu, S/N,
08035 Barcelona, Spain
tel：+34 932 12 64 55